TOULON,

LE DIX-NEUF MAI 1830.

A

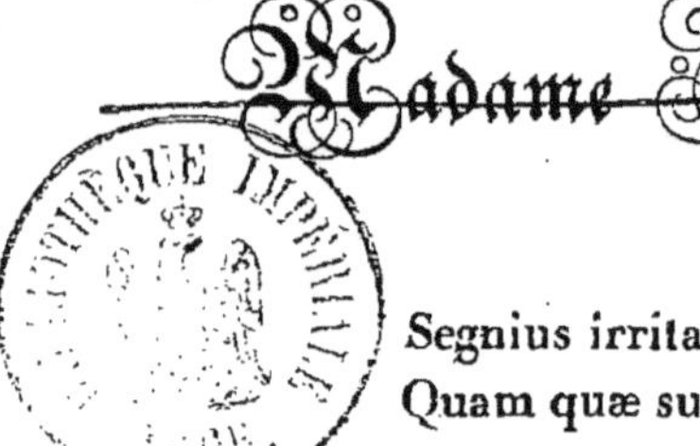

Segnius irritant animos demissa per aures,
Quam quæ sunt oculis subjecta fidelibus.

HORACE.

Ce que nous entendons nous fait bien moins d'impression que ce que nous voyons de nos propres yeux.

MARSEILLE.

Imprimerie d'Achard, rue St-Ferréol, N° 64.

1830.

TOULON,

LE 19 MAI 1830.

Où peut-on être mieux, dans ce moment-ci, pour voir, observer, jouir et raconter, que là où une grande puissance, déployant ses forces et son éclat, met en action ses immenses richesses pour venger l'honneur national de l'insulte d'un barbare? Ce n'est point un gant que le Roi très-chrétien jette à un vil enfant du prophète, c'est le châtiment que, par une noble indignation, l'auguste Monarque d'un peuple généreux se voit forcé d'infliger au petit tyran qui souille le trône d'un des plus grands ennemis des Romains. La modération avait précédé la vengeance; mais un barbare est-il fait pour sentir, apprécier et reconnaître tout ce qui est généreux? Ce régent des côtes d'Afrique envisage une telle modération comme faiblesse, et croit la France impuissante parce que son Roi, animé par des sentimens nobles et chevaleresques, a retardé l'heure de sa punition; il se refuse, d'après cela, à reconnaître ses torts, et veut donner à l'Europe un spectacle où les vœux de la civilisation et de la foi le proclament d'avance comme victime.

Enfin cette terre, près de laquelle expira le Roi-Saint, recevra l'honneur d'une nouvelle croisade, et c'est de Toulon que partent les guerriers qui iront planter l'étendard chrétien et l'oriflamme de la France, là où jadis Scipion arbora les faisceaux et la hache. C'est dans le port de Toulon, où cent vaisseaux de guerre, impatiens de déployer leurs superbes voiles et de franchir l'espace qui les sépare d'une rade inhospitalière, se chargent dans ce moment du beau fardeau des braves, et présentent le spectacle d'autant de monumens élevés sur les flots, prêts à disparaître comme par enchantement, dès qu'un souffle de vent propice gonflerait leurs ailes, qu'un seul homme, un seul, en aurait donné le signal : quelle puissance pour un mortel!

Vue du fort de la Malgue, la rade de Toulon se présente comme une ville immense, peuplée de mâts, qui, de loin, ressemblent aux minarets des temples d'Asie; et, pendant que l'œil fixé sur ces vastes édifices, contemple la hardiesse de l'homme, on les voit se confondre, s'éloigner, disparaître, changer de place, comme si leur volume, leur poids, leur immensité n'étaient rien pour le génie de l'art! Y a-t-il dans l'esprit de l'homme quelque étincelle de la Divinité? Et comment en douter, n'est-il pas créé à son image?......

Deux fois j'ai été au fort de la Malgue : la première, le tems était couvert, sans être nuagé ; une vapeur grisâtre voilait l'horizon et répandait de tems en tems cette pluie féconde qui calme la terre des feux cuisans de l'astre qui enfante et nourrit ses amours. J'étais avec des dames ; nous étions en calèche ; tout autres, à leur place, n'aurait songé qu'à couvrir la voiture pour sauver leurs jolis chapeaux de la pluie. Mode, toilette ! Y a-t-il quelque chose qui ait un empire plus puissant sur l'esprit du sexe séducteur ? Pour les dames que j'avais l'honneur d'accompagner, il y avait le désir de voir, le besoin d'admirer ce beau et magnifique spectacle, produit par le contraste de la nature et de l'art ; le bonheur enfin de jouir d'une sensation que la futile vanité ne pouvait remplacer. Nous restâmes quelques minutes à contempler ce tableau enchanteur, et chacun, dans le ravissement, avait cessé de parler ; l'impression qu'on éprouvait n'était que ce vague indéfinissable qu'on ne peut se décrire par la parole, et qui, touchant l'ame d'une manière mystérieuse, nous laisse dans une sorte de confusion pleine de charme.

Je n'oublierai jamais ce moment ; mais est-ce un mérite de ne pas l'oublier ? Ne sommes-nous pas forcés de nous répéter les idées qui ont été accompagnées par des sensations, comme si elles avaient été burinées dans notre ame ? Ne sont-ce pas ces instans qui, servant de date aux souvenirs, enfantent le rêve d'un bonheur de réminiscence dans les occasions où nous avons besoin des consolations du passé pour oublier le présent? On peut quelquefois ne pas se l'avouer, mais peut-on y renoncer?

La teinte grisâtre du ciel, qui le plus souvent inspire des pensées sombres, ce jour-là berçait mon imagination d'un tout autre jeu; ce n'était pas la douce mélancolie, qui était réfléchie par le tableau de la nature, c'était le prisme du bonheur qu'on ne peut révéler, car il consiste dans une seule et simple sensation... C'est là le vrai magnétisme, sans que l'art l'ait produit. Qui donc en est l'auteur?...... Pourquoi questionner le cœur humain!

La campagne des environs de Toulon est jolie et variée; une colline qui en borde l'horizon est tapissée d'arbres, et d'un vert foncé qui égaie la vue, fatiguée de l'aridité des rochers qu'on rencontre le long de la route, en venant de Marseille. Mais tout est en miniature aux environs de Toulon : les promenades, les jardins, le champ de Mars, les petits bosquets, tout semble n'être là que pour faire sa cour au port, qui est le véritable grand seigneur de la ville; les allées, les maisons champêtres, les forts, les petits châteaux, les monumens même ne se montrent que pour embellir la rade majestueuse qui préside en souveraine de ces contrées. Cette rade, ce port, ce beau quai qui en trace les limites, ressemblent, dans ce moment-ci, à la plus *grandiose* décoration d'un théâtre immense où l'on prépare la représentation d'un des plus beaux drames qui se soient joués de nos jours! L'honneur, la gloire, les sentimens généreux et chevaleresques, l'intérêt, le commerce,

la religion, tout est en jeu pour désirer, seconder et ga-
rantir le succès d'une si noble entreprise. Ces vastes édifices
mouvans sont déjà remplis de milliers de soldats, qui,
appuyés sur les bronzes meurtriers, comme sur leurs bancs
de repos, font retentir de leurs cris de joie l'atmosphère
des vagues. Ils rêvent aux champs du trépas, comme à ceux
de leurs festins, car ils ne voient de tombeaux que pour
les Maures; et pour eux?...... ils ne songent qu'aux lauriers des *septante sources* (ou du Schelliff). Heureuse illu-
sion, enfantée par l'espérance, qui sait si bien tromper
même la destinée, et soutenue par la gloire, qui mystifie
jusque la mort.

Partout flotte le panache blanc; à-peine remarque-t-on
les matelots, tristes et insoucians dans le jour du repos,
joyeux et fiers lorsqu'ils doivent lutter contre la fureur des
mers. Les acteurs de cette scène éclatante, soldats, officiers,
mécaniciens, intendans, généraux, sont, comme dans les
jours de fête, parés de leur uniforme brodé; chaque brave
a son emblème, la croix de l'honneur; chaque général, les
étoiles gagnées sur le champ de bataille. En parcourant
cette immense cité de forteresses ailées, je me suis cru au
milieu d'un spectacle magique qui m'était présenté par la
fée des cent merveilles. J'accompagnais la beauté, et je
voyais la magnificence.

Dans un frêle bateau guidé par un seul homme, dont
la peine de ramer était adoucie par l'aide de sa jeune com-
pagne, nous parcourûmes ce champ clos de la mer de

Toulon, où le fer de sureté inébranlable, retenait vingt-
six corvettes, vingt-quatre frégates, onze vaisseaux de ligne et toute la suite guerrière de ces rois des mers. Que
nous étions petits en comparaison de ces masses colossales !
Que nous étions mesquins auprès de cette grandeur que
déployait la force ! Nous ressemblions à des pauvres
curieux et importuns, qui osent percer la foule pour
se nourrir d'admiration lorsque un grand objet frappe
la curiosité du public. Et cependant, qui n'aurait envié
le sort d'être dans ce bateau ! Qu'est la puissance arti-
ficielle en comparaison de celle de la nature ! Qu'est la
magie d'un luxe imposant en comparaison de celle qui
brille des attraits de la grâce et de la modestie !

Passant près de tous ces bâtimens, parsemés dans ce
beau plateau comme de vieux chênes dans une immense
forêt, on entendait de tems en tems des sons confus qui
formaient tantôt de faux accords, tantôt une mélodie iné-
gale que l'éloignement rendait vague et entrecoupée : c'é-
tait le chant des soldats et des matelots. Les uns frédon-
naient l'air qu'ils avaient appris au village qui les a vu
naître : les autres répétaient quelques couplets qu'ils avaient
chantés avec leurs amies lorsqu'ils étaient heureux dans
leurs amours. Les plus jeunes envoyaient leurs adieux à
leurs parens ou à celle dont ils portaient la bague et les
cheveux. Le vieux soldat murmurait d'une voix rauque les
chansons improvisées jadis par les bardes de *Marengo* et
d'*Austerlitz*, et à tous ces différens accens se mêlait l'écho

du cor et de la trompette guerrière. Ce n'était certainement pas de la belle musique, mais pourtant, quelquefois au milieu de ce spectacle, à travers cette confusion de chants, on entend quelque chose qui inspire l'ardeur des combats; qui nous élève au désir de la gloire; qui nous arrache presque sans peine aux toits qu'on a habités, et aux objets mêmes qui nous sont chers!..... L'enthousiasme anime l'homme qui se croit le plus vulgaire, et jusqu'aux ames les plus communes deviennent fières dès qu'elles sont frappées par la voix de l'honneur.

La plupart des personnes qui dans de petits bâteaux parcouraient le port et la rade s'arrêtaient, les unes près d'une corvette, les autres près d'un vaisseau ou d'une frégate pour voir leurs amis ou leurs connaissances. Les adieux de l'amitié dans de pareilles circonstances sont bien solennels; ceux qui restent se chargent du dépôt des sentimens de ceux qui vont combattre sur les plages lointaines, pour les exprimer à leur famille, et ceux qui partent reçoivent les vœux que l'on fait pour leur salut et leur gloire, vœux accompagnés par une prière à la Providence, et révélés souvent par quelques larmes! La pensée de l'avenir en forme toute l'expression....... Que d'émotions dans cette pensée!

Nous montâmes sur la frégate la Surveillante : nous devions rendre une visite à M. le Général D........ Quiconque a vu un seul bâtiment de guerre, se fait une idée de ce qu'est l'intérieur de cette citadelle où habitent des

milliers de personnes, au milieu d'une centaine de canons
et d'un nombre infini d'ustensiles nécessaires à l'existence
de cette population ainsi qu'au besoin de la guerre. Chaque
bâtiment est une place forte en bois, une ville en miniature,
où ne sont pas oubliés les objets du luxe le plus raffiné,
ni tout ce qui peut remplacer les privations nécessaires. La
frégate la Surveillante était d'une propreté, d'une élégance
telles, qu'on aurait pu la croire employée exclusivement
à transporter quelques jeunes et aimables Reines dans un
voyage de pompe et de plaisir. Le Tasse lui aurait fait jeter
l'ancre dans l'île de la Fortune!... Et pourtant elle allait vo-
mir la mort, elle était au nombre des instrumens du carnage! Nous avons été enchantés de notre visite, mais ce qui
a captivé le plus notre attention, a été l'amabilité, l'esprit
et les manières du Commandant. Lorsqu'on dit que les
marins sont braves mais rudes; francs, vrais mais peu
aimables et peu courtois, on se trompe fort, car il est difficile de rencontrer un homme plus accompli que le commandant de la Surveillante.

A-peine les dames que j'avais l'honneur d'accompagner
s'étaient plaintes de la lenteur de notre petit bateau qui
leur avait causé un peu de malaise, que le galant capitaine
nous offrit et engagea ces dames à retourner dans le canot
de sa frégate; c'était passer du sommeil à l'action, de la
faiblesse à la vigueur, de l'ennui au plaisir; et quoique une
philosophie romanesque eût préféré l'*incognito* d'une
modeste nacelle, j'avouerai que dans cette circonstance

nous nous trouvâmes heureux de la pompe de notre retour. Douze vigoureux athlètes subjugaient les vagues et faisaient retentir l'air du bruit de leurs rames. Le bateau sillonnait la mer avec une telle rapidité que les tableaux de la côte disparaissaient, à-peine étaient-ils aperçus. Le timonnier, qui en dirigeait le cours, avait l'air de dire : *je suis chez moi et je vous en fais les honneurs.*

Lorsqu'on est pour quelque tems bercé par la mer douce et tranquille, on est disposé à rester dans un parfait silence ; si l'on souffre, c'est parce qu'on craint en parlant de faire éclater l'état du malaise qui nous afflige ; et si l'on jouit, c'est parce qu'on ne veut pas sortir de cette mystérieuse rêverie protégée et alimentée par le silence. Les premières idées de grandeur, de puissance, et de gloire que nous avait fait naître la vue de tant de vaisseaux, de milliers de bouches à feu, et de tout cet appareil belliqueux et magnifique, avaient fait place à d'autres sensations vagues et indéfinissables produites par des impressions qui se rapportaient à nous-mêmes.

L'homme fatigué de reporter toujours sa pensée à tout ce qui est hors de lui, et de ne s'occuper que de ce qu'il ne trouve ni dans son ame, ni dans sa destinée, éprouve par un rêve sur lui-même le besoin de s'isoler avec ce qui touche exclusivement à son être ! Les cent bâtimens de guerre étaient à la même place ; le bruit était le même ; les objets frappaient également nos regards ; le feu du canon qui partait de la côte pour exercer les artilleurs à savoir bien détruire et exterminer, brillait encore sur l'horizon coloré d'un feu bienfaisant et créateur. Et pourtant, tout ce spectacle avait perdu le pouvoir d'attirer notre admiration, d'enfanter mille idées et de ranimer notre surprise. Chacun de nous plongé dans la rêverie de son être, ne donnait à cette belle et grande décoration que le mécanisme du regard. Je n'éprouvais dans ce moment-là qu'un seul besoin, celui d'entendre le son de quelque instrument. Quelle est magique l'impression de la mélodie dans une pareille extase! Elle nous remue jusques au fond du cœur, et pourtant elle n'exprime pas une idée positive; mais avec elle nous rêvons les cieux, et nous éprouvons ces jouissances qui nous font souffrir et être heureux en même tems. La mélodie sympathise avec les dispositions de notre ame, et ses accords touchent nos fibres comme les cordes d'un instrument.

La proue du canot rencontrant la pierre du quai, le mouvement cessa dans un instant. A-peine avions-nous touché la terre que mon imagination fut distraite de sa rêverie profonde; les idées reprirent leur première direction, et nous regardâmes de nouveau le spectacle qui nous avait tant frappé. Nous éprouvâmes le plaisir d'avoir parcouru la ligne de cette belle décoration. C'était déjà un point d'optique dont nous connaissions les détails, et la pensée avait désormais le pouvoir d'en composer et représenter à sa manière les différens tableaux.

c'était aussi une nouvelle matière pour ses productions, une nouvelle toile pour ses couleurs et ses images.

Nous nous promenâmes quelque tems le long du quai; car il fallait se communiquer les remarques, les idées, les impressions qu'on avait reçues de la course; c'est la marche que notre esprit suit toujours après une partie de campagne, une soirée de bal, après un spectacle quelconque; c'est une espèce de compte-rendu de ce qu'on a éprouvé, et si l'expression m'était permise, c'est la partie financière de notre ame.

Le quai de Toulon ressemble en ce moment à une immense hôtel-de-ville, le jour d'une grande fête nationale où sont invités tous les étrangers, la notabilité du pays, etc., et où les salons sont ouverts aux différentes classes du peuple. En marchant on entendait le français des Anglais, le français des Italiens, le français russe, le français espagnol et germanique, accens tous très-prononcés, mais qui n'étaient guère plus éloignés du véritable diapason que le français provençal.

En regardant la population énorme qui était sur le quai, marchant pressée comme au sortir d'un spectacle, on se demandait où étaient logés tous ces messieurs et ces dames. Toulon est une ville en miniature, et dans cette circonstance elle devait contenir trois fois plus d'habitans qu'elle ne pouvait. Comme on doit être gêné! Que de peine pour trouver un abri!... Mais la curiosité fait endurer toutes les privations; elle surmonte tous les obstacles, brave tous les dangers, désire et ne calcule pas. L'homme voudrait assister, s'il était possible, à toutes les représentations qui se donnent dans cette terre qu'il habite; il veut connaître tout et pouvoir dire: « j'ai été du nombre de ceux qui ont vu tel évènement, qui ont entendu telle histoire, qui ont partagé telle ou telle aventure, etc., etc., etc. » C'est la curiosité qui a porté l'homme aux grandes entreprises, qui l'a fait parfois courageux et intrépide. C'est à la curiosité que l'on doit les grands services rendus aux arts et aux sciences, et on peut dire que l'homme naît curieux ou plutôt que la curiosité est un autre besoin. Que de fois cependant on se repent d'avoir été curieux! Mais ce n'était pas là le cas.

Les dames qui se trouvaient à Toulon étaient toutes jolies et d'une élégance inhumaine, car elles paraissaient le faire exprès pour faire regretter aux jeunes guerriers leur départ. La beauté est toujours jalouse d'une victoire quelconque, et lorsqu'elle ne peut triompher exclusivement, elle veut s'assurer une partie des succès, et être en quelque sorte l'objet ou le but des actions des hommes. J'ai entendu dire à un colonel d'un âge raisonnable, après avoir conversé un quart d'heure avec la dame qui était à côté de moi: « Ah! madame s'il y avait plusieurs personnes comme vous, on risquerait de manquer l'expédition d'Alger, car qui voudrait partir? » Au tems des Bayard, on aurait dit: *je pars pour vous mériter;* mais la civilisation du siècle a changé les actions en phrases, et l'amour pour être heureux n'est plus condamné *aux travaux forcés.......*

Cette expression reporte ma pensée à l'arsenal de Toulon ; ainsi je quitte le quai et la promenade pour dire quelques mots sur ma visite à l'arsenal et au bagne. De l'amour à l'arsenal c'est un fier saut, mais lorsqu'il s'agit de chaînes, il y a toujours analogie, ainsi cette brusque transition me sera permise.

En conscience, on ne peut quitter Toulon sans rendre une visite à la première autorité monumentale du pays; ces mots, *l'Arsenal de Toulon*, en imposent déjà, et l'esprit s'est préparé d'avance pour s'extasier et admirer.

L'arsenal jugé en bloc est un vaste répertoire de jeunes vaisseaux, de vieilles carcasses, de modèles de toutes sortes de bâtimens; c'est un entrepôt d'ustensiles, pour armer dans un instant quinze ou vingt vaisseaux de ligne. D'un côté, on voit d'énormes galeries de cordages; d'un autre, des voûtes immenses où naissent et s'élèvent à couvert ces géants des mers, qui quittant leurs berceaux vont parcourir le monde. Plus loin, on voit des collines de boulets; au milieu, une vaste place où sont entassés des milliers de canons dont la masse est si imposante que leur aspect vous repousse, comme si leur vue réfléchissait le tableau d'un grand carnage; comme si l'on voyait disparaître l'humanité devant leur appareil. Des sabres, des armures, des fusils sont logés dans de magnifiques appartemens; c'est la partie aristocratique de ce grand local. Un vaste bassin reçoit l'eau de la mer, où novices les coursiers de l'Océan vont essayer leurs premiers pas, qui bientôt seront plus hardis que la foudre, plus rapides que l'élément qu'ils franchissent. De tout côté, on rencontre des ateliers, des fourneaux, des forges, des instrumens, des leviers, des haches, et cent et cent machines qui servent à l'art pour détruire et construire, pour abattre et élever, pour anéantir et créer. Non... ces deux derniers attributs ne sont pas au pouvoir de l'homme.....

Tous ces objets qui composent la force maritime sont manufacturés dans l'arsenal même, et par qui? par des forçats, qui forment la population de cette immense prison, vaste atelier de la marine française dont l'ame et le soutien sont les bras des criminels. Les cent bâtimens de guerre étalés avec une pompe magnifique dans la rade de Toulon, sont l'ouvrage de ceux que la société a proscrits, que la peine a flétris, que le délit a marqués du sceau de l'infamie, mais que la honte et le répentir n'ont pu accabler ni rendre malheureux! Quel rapprochement de l'ordre social avec l'économie de la nature! Celle-ci alimente ses fleurs, ses arbres, ses animaux des corps dissous et pourris; elle crée avec ce qu'elle détruit, et la société s'élève avec ce qu'elle abat, et crée sa force en employant même ceux qu'elle a paralysé.

Nous visitâmes avec beaucoup d'exactitude tous les endroits et les objets qui méritaient d'être observés, nous étions accompagnés et suivis par des forçats dont le costume rouge écarlate produisait une sensation désagréable, car il donnait trop d'éclat à ceux qu'on aurait voulu voir couverts de deuil, et du manteau de la honte.

Pour que notre cœur soit touché et ému il faut que le malheur se présente avec sa véritable physionomie. L'aspect
des souffrances sympathise avec le sentiment de la pitié,
et on s'attendrit même en faveur du plus grand criminel si
on le voit pénétré de son sort. L'homme qui est porté à envier
le bonheur des autres, sent le besoin de secourir l'infortune ;
c'est le mélange bizarre de la bonté et de la jalousie du
cœur humain. Mais en traversant les vastes galeries de
l'arsenal de Toulon, on ne se sent pas ému à l'aspect de
tous ces galériens qui, travaillant comme s'ils ne vaquaient
à leur métier que pour leur propre intérêt et par leur
bonne volonté, promèuent leur coupable effronterie en se
montrant avec des visages qui annoncent l'indifférence sur
leur sort, et le mépris pour tout ce que les curieux peuvent penser d'eux.

La dame que j'avais l'avantage d'accompagner me
dit avec un accent très-doux, mais avec un ton de surprise :
« je n'ai pas observé un seul visage où l'on puisse voir
l'empreinte du malheur ; aucun de ceux que nous avons
rencontré ne paraît peiné de son sort ; lorsqu'ils voient
des étrangers, ils devraient être honteux, ils ne le sont pas ;
comment les plaindre ? » Cette aimable dame supposait
dans tous les cœurs des hommes une étincelle de sentiment noble, et croyait peut-être que les crimes ne sont que
des égaremens ; car ils est difficile pour une ame sensible
de concevoir qu'on puisse être assez dégradé, pour ne pas
se sentir criminel lorsqu'on l'a été ; et pourtant, le pervers

n'envisage pas le délit comme tel; il ne voit que les lois injustes et perfides; et celui qui n'est pas entièrement perverti, s'il n'a pas une ame ardente, finit par s'abrutir dans l'habitude des peines, et dans la société des coupables sans remords.

Les forçats qui nous suivaient, et ceux que nous voyions occupés au travail, étaient tous gais et portaient leurs fers comme des décorations aux pieds, et non comme des chaînes. Rien qu'à les voir on concevait que leur cœur était incapable d'apprécier la condition des gens libres; le sentiment d'avoir un rang quelconque en société et d'être au nombre des citoyens paisibles et estimés leur était inconnu. Ce sublime aiguillon de l'honneur qui enfante des miracles; cette belle fierté qui ordonne l'estime, l'admiration, le respect, et qu'on peut appeler le véritable talisman qui élève l'ame de l'homme,... ne fait battre leur cœur, pas même pour un instant; plus que cela, ils ne peuvent concevoir qu'il existe un tout autre bonheur, hors celui que leur procure le triomphe de leurs forfaits et de leurs crimes! S'ils désirent la liberté, c'est pour en abuser; s'ils tâchent de briser leurs chaînes, c'est pour en mériter de nouvelles. S'ils implorent le secours de l'humanité, c'est pour se venger du bienfait... Et pourtant ces forçats, ces criminels appartiennent à notre espèce, qui souvent étonne l'univers par les actions les plus généreuses, les plus héroïques, qui donnent une si haute idée de la race humaine!.... Quelle inconcevable anomalie!....

Notre guide était un gendarme qui se connaissait en forçats; il se prêtait volontiers à contenter notre curiosité, et certes lorsqu'il s'agissait d'entrer dans les détails de ce qui regardait cette colonie de condamnés, une aimable dame qui était avec nous ne lui épargnait pas les questions.

Il est remarquable comme le cœur d'un sexe si doux et si faible se plaît au récit des crimes, quels qu'en soient la nature et l'objet. Tout ce qui présente le cadre des passions violentes, des excès d'une ame inhumaine et perfide, tout ce qui nous montre le malheur extrême d'une victime de l'amour ou du sort, frappe notre imagination, émeut notre cœur, ébranle notre ame qui se plaît à souffrir dans le récit ou dans la vue de pareils tableaux. Par une bizarrerie de notre organisation, nous aimons parfois à craindre, à nous épouvanter, à nous affliger, à pleurer, plutôt qu'à nous égayer; nous aimons voir sur la scène le crime en action; dévorer de nos yeux l'attitude, la figure, les traits de tout ce qui peint l'homme malheureux ou pervers; entendre l'histoire de ceux qui ont commis des forfaits, ou qui ont été immolés; et, pendant que nous reculons d'horreur à la seule idée de faire une victime ou de prêter la main aux délits, nous voudrions assister aux drames qui nous les représentent; or ce désir, ce besoin est beaucoup plus fort dans le cœur d'une femme. Peut-on concevoir comment des êtres si délicats trouvent des jouissances dans le récit de ce qui trouble, agite et fait frémir par l'idée seule que cela a été? Mais les femmes sont organisées d'une

3

manière beaucoup plus mobile que nous. Très-sensibles et tout occupées de leurs sentimens, elles ont besoin de se soustraire à l'indifférence, à cette paralysie morale qui est le véritable ennui du cœur. Pour en sortir, on cherche des émotions fortes, et ces émotions sont plus nécessaires à l'existence des femmes auxquelles la nature et la société refusent de prendre part à tant d'autres actions qui occupent la vie des hommes.

Un des premiers sujets de notre curiosité a été celui de voir Cognac ou le prétendu comte de Ste-Hélène, condamné à perpétuité. Mais depuis un an les prisonniers à vie ont été transférés aux bagnes de Brest et de Rochefort, et M. de Ste-Hélène a été du nombre. Nous regrettâmes beaucoup de ne pas voir la figure de cet homme, voleur de bonne compagnie, assassin de bonnes manières, imposteur aimable, militaire distingué; de ce Cognac qui sut escamoter une fortune, mériter un grade, usurper un titre; et qui avec les formes d'un gentilhomme, l'esprit d'un homme distingué, le courage d'un brave a su tromper, séduire, voler le bien des autres, maculer ses mains du sang de ses victimes, être généreux et cruel, homme de société et galérien distingué.

On croit toujours reconnaître dans les traits du visage d'un grand homme, ou d'un grand scélérat, l'abrégé de toute leur histoire, et notre imagination nous persuade que leur regard, leur sourire, leurs mouvemens réfléchissent les replis de leur cœur. L'homme devine l'homme et lorsqu'il

n'y a pas analogie ou sympathie d'organisation, il y a presque toujours une secrète intelligence qui nous avertit,
par l'impression que nous éprouvons, du caractère que
nous pouvons ignorer. Cette prétention de connaître le
moral par le physique donne le désir de voir ceux qui ont
une certaine célébrité par leurs bonnes ou mauvaises
actions.

Notre gendarme nous donna sur Cognac quelques détails
qui contentèrent en partie notre curiosité ; il nous raconta
de quelle manière il vivait dans le bagne de Toulon. Ses
habitudes, ses occupations étaient celles d'un homme de
lettres ; ses heures étaient remplies par la lecture assidue
de tous les ouvrages qu'il pouvait se procurer ; il méditait,
faisait des notes, écrivait souvent et paraissait tellement
absorbé dans les études que les personnes qui n'auraient
pas connu son histoire, auraient pu le prendre pour un de
ces savans célèbres qui à toutes les époques et dans tous les
pays ont éprouvés les rigueurs et les persécutions des
gouvernemens,....... pour un nouveau Galilée dans le
bagne de Toulon. Sa conversation était intéressante, et
pleine de variété ; doué d'esprit, il présentait le mensonge
avec beaucoup d'éloquence, faisait oublier à ceux qui
l'écoutaient son vrai caractère, ou les forçait à regretter ses
égaremens et ses crimes.

Souvent il était visité par ses compagnons d'armes, avec
lesquels il se plaisait à retracer les lieux et les tems, où par
sa bravoure il rachetait, en quelque sorte, la honte de ses

forfaits. Ses cheveux blancs donnaient de la solennité et de l'intérêt à ses récits ; car quand on voit un vieillard criminel, on pense que la nature a déjà en partie vengé la société en montrant sur la tête du coupable les approches de sa fin.

Nous serions restés plus long-tems à écouter les particularités de la vie de Cognac, si en passant par une galerie notre gendarme ne nous eût fait remarquer une chambre où était enfermé le maire de D.... Le gendarme ajoutait qu'il aurait pu nous le montrer, si cela n'eût fait de la peine à cet infortuné qui tâchait de se soustraire aux regards des curieux. Mais pourquoi le maire de D.... était-il condamné? Qu'on le devine maintenant; car, comme notre guide a tourmenté notre curiosité, je voudrais prendre la revanche avec mes amis. Pourquoi depuis vingt ans est-il au bagne de Toulon? Est-ce pour avoir tué? non. Pour avoir volé? non plus. Pour avoir été sacrilége? encore moins. Pour avoir séduit, violé, enlevé, empoisonné quelque malheureuse victime de ses passions? pas davantage. Etait-il sectaire? il ne s'en doutait pas. Jacobin? il n'osait pas l'être sous Napoléon. *Carbonaro?* ce n'était pas le délire d'alors; rien de tout cela..... C'est pour avoir brûlé les pieds de sa femme! A ces mots les dames que j'avais l'honneur de suivre jetèrent un cri perçant (qui avec tout autre voix eût fait peur) et s'écrièrent : oh! le monstre!! tout en regardant leurs jolis pieds comme si près du prisonnier elles se fussent trouvées sur des tisons ardens.

Dans ce crime ce qui embarrasse le plus c'est le pourquoi?

Car comment expliquer ou deviner pourquoi ce Monsieur a choisi les pieds de Madame pour objet de sa vengeance? On conçoit bien qu'on perce le cœur,... il est l'atelier des passions, et on voudrait l'avoir exclusivement pour soi; chose difficile à obtenir. On comprend qu'on puisse crever les yeux,... ils disent tant de choses, ils en promettent tant, ils sont quelquefois si désespérans et si cruels, et quelquefois si séducteurs, qu'ils méritent des punitions sévères. On peut s'en prendre aux mains,... elles caressent, elles tuent, elles écrivent, elles s'engagent! On peut arracher la langue!.. elle fait tant de sermens, elle vomit tant de calomnies, elle trahit tant de secrets, elle sait si bien entraîner et tromper qu'on ne se plaindrait pas de sa mutilation. On conçoit qu'on puisse brûler la cervelle,... elle enfante tant de projets dangereux, elle protége ce caprice inhumain qui fait le malheur des hommes, elle forme et dirige tous les plans des crimes et des forfaits et elle se fatigue si vîte qu'il faut quelquefois en finir. Mais ces pauvres pieds qui n'ont d'autre responsabilité que celle de rester ou de fuir! on pourrait les lier ou les fouetter, mais les brûler!! Probablement ce nouveau Verrès avait pris sa femme pour une statue; car en honneur on s'y perd en conjectures. La jalousie ne descend pas si bas. Les pieds n'entrent jamais dans le domaine de ses soupçons et de ses fureurs; car on n'a jamais vu embrasser les pieds, même aux dames romaines qui en auraient plus de droit que les autres. Toute autre passion est moins compatible avec ce genre de crime et pourtant on assure que c'est par jalousie que le maire de D.... s'était porté à cet excès. Allez maintenant expliquer la bizarrerie des passions, les folies de l'amour, l'absurdité du caractère de l'homme! On peut dire qu'il est grand dans ses égaremens et petit dans sa raison!... Il vaut mieux nous éloigner de ce lieu où on entend de telles horreurs et de telles extravagances qu'on finirait par en perdre la tête, ou par se dépraver. Ainsi je me hâte de sortir du bagne de Toulon, sans même parler de toute cette fourmillière de condamnés qui vous présentent et vous poursuivent pour vous faire acheter les produits de leur industrie et de leur travail qui sont d'une ennuyeuse uniformité : des tabatières, des bagues et des cocos ; et toujours des cocos, des bagues et des tabatières. Il paraît que comme ils ne peuvent sortir de leur prison, de même leur imagination est forcée de se rétrécir ; aussi je pense qu'il ne doit pas y avoir beaucoup de poètes parmi les forçats.

Pour me distraire des sensations pénibles que je venais d'éprouver, j'allai du côté du port où la vue est toujours le plus beau *panorama* que puissent présenter la nature et la société dans ce moment. C'était le dernier jour de l'embarquement ; on transportait les mannequins et les chiens qui font partie de l'expédition ; cela donnait un assez joli spectacle aux curieux toujours prêts à rire au milieu des scènes les plus touchantes et les plus solennelles. Mille questions, mille propos malins furent échangés pour expliquer leur emploi, et les évolutions et les attaques qu'auraient faits ces bataillons de soldats cartonnés. Sans songer aux rapports intimes qu'il y a entre des mannequins et des barbares, sans réfléchir que des grenadiers et des sapeurs cartonnés peuvent produire pour les Berbères, les Beni-Amos et les Biscaris, le même effet que les éléphans de Pyrrhus, on trouvait fort plaisant qu'on voulut associer au sort de cette grande entreprise une cargaison de mannequins qui retourneront aux magasins, d'où ils étaient sortis, mutilés, mais couronnés de guirlandes numides. Les uns disaient que parmi ces soldats immobiles il y en avait un qui était destiné à échanger, avec sa main bien collée, le coup d'évantail donné par le régent; d'autres assuraient que ces élégans de papier mâché étaient destinés à être jetés dans les *harems* du dey et des grands dignitaires; à mettre la brouille dans les ménages mauresques; à exciter la jalousie et les fureurs du despote; à le distraire ainsi de ses occupations militaires, sans compromettre ni l'amour, ni la fidélité, ni la constance des jeunes guerriers. Les plus sensés croyaient que les mannequins ne devaient servir qu'à égayer les Arabes, et attirer leur attention, comme les marionnettes sur le boulevard du Temple et *Polichinelle alla piazza del Castello.* Les gens de l'art expliquaient cela comme un moyen de diversion pour réussir dans quelque fausse attaque et tromper l'ennemi. On sait bien que les Arabes ont l'imagination facile à s'alarmer; qu'ils sont fantastiques et superstitieux; ainsi rien de plus aisé pour eux que de prendre des mannequins pour des revenans, et on connaît par l'histoire l'effet que produit la peur des apparitions et des spectres au milieu d'un combat.

Quant aux chiens ils sont toujours employés pour défendre et sauver la vie de l'homme. C'est l'animal qui sait faire le plus de sacrifices pour l'humanité, et si ces pauvres *dogues* connaissaient le sort qu'on leur réserve en abordant sur les côtes traîtresses d'Afrique, ils auraient certainement consenti d'avance à boire les eaux qu'on pourrait croire empoisonnées, pour se dévouer au salut de leur maître ; quel animal que le chien ! Son cœur fait souvent honte à celui de l'homme.

Je rentre dans les rues de Toulon et je les vois encombrées de milliers d'officiers et d'employés à l'expédition qui courent vers le port tous chargés de petites emplètes, comme s'ils revenaient d'une foire. Les uns portaient des livres, les autres avaient dans leurs mains une boîte, un portefeuille, un petit nécessaire ; le plus grand nombre avait acheté des casquettes, des porte-manteaux, des chemises de toile cirée, des étuis, des verres, des cravates, *des souvenirs de toute espèce.* Tout le monde emportait quelque chose ; car en s'éloignant de la France, on aimait à se pourvoir des objets qu'une terre inhospitalière et barbare ne pouvait leur offrir.

Les boutiques et les magasins de Toulon étaient comme des marchés, et la mode, ce conquérant de l'imagination, ce Prothée aux cent emblèmes, qui tantôt porte la devise d'un héros ou d'un champ de bataille, tantôt celle d'un berger ou d'une chaumière; ce Prothée empruntant les noms des amans infortunés, des princesses abandonnées ou des lieux chers au sentiment, paraît pour quelques jours honorer le souvenir de tout ce qui a été grand ou malheureux. Ceignant la couronne de rose ou la branche de cyprès, la mode s'empare de la nature et de l'art pour les symboliser, aidée par le caprice et l'inconstance. Fatiguée du présent, elle évoque les ombres des tombeaux, et reproduit les tems, les usages, les coutumes du passé. Cette mode despote à la cour ainsi qu'au hameau, maîtresse des mœurs et des usages, qui sait si bien employer à son profit la vanité, le luxe; enchaîner l'amour-propre et les plaisirs; cette mode qui plus que tout autre objet, plus que les sentimens mêmes ordonne et obtient des sacrifices, rivalise et triomphe de l'amour, de la tendresse, de l'amitié. Cette mode, dis-je, avait déjà fait la conquête d'Alger, avant que tout autre force en eût commencé l'attaque. On vendait des bourses et des bonnets algériens, des évantails et de petites ombrelles du dey. Les dames se montrèrent en société avec des robes couleur côtes d'Alger, des schals sable d'Afrique, et des fichus à la Berbères.

Pendant quatre jours, depuis six heures du matin jusques à deux heures après midi, on a vu aux fenêtres et aux balcons, le long du port, plusieurs dames avec de jolies toilettes, présider à l'embarquement des soldats et des officiers; elles portaient les emblèmes de la victoire et des étoffes mauresques. Le spectacle était très-beau, mais il n'avait ni l'intérèt ni le prestige des tems de la chevalerie. Que de jeunes et jolies personnes ont regretté dans ces jours, cette époque heureuse, où chacune d'elles pouvait ceindre à son chevalier en présence des spectateurs, l'écharpe brodée par ses mains! Quel bonheur de pouvoir montrer aux yeux du public l'objet qu'on aimait, et de pouvoir lui donner sa devise et son talisman! Lorsque la tendresse présidait à la gloire, l'amour était le plus puissant encouragement pour les jeunes guerriers; et sous son égide qui n'était sûr de vaincre? Pourquoi donc la civilisation de notre siècle a-t-elle banni ce beau spectacle et tari la source de ce noble aiguillon? Pourquoi dans les tems où nous vivons a-t-on condamné l'amour au mystère, à la peur, à l'intrigue, en lui permettant l'inconstance et le caprice? Pourquoi a-t-on perverti le désir de plaire en lui ôtant toutes ses belles-illusions et a-t-on changé les sentimens généreux contre l'égoïsme et les mœurs populaires?

A-peine quelques regards, quelques adieux, dans ces jours d'embarquement, annonçaient le chagrin d'une simple amitié! Les grands regrets; les adieux tendres et désolans ne furent ni exprimés, ni remarqués dans ce tableau de départ. Rien de dramatique pour les sentimens, si ce n'étaient les larmes de quelques mères dont le cœur ne change jamais, ni avec les usages, ni avec les arrèts et les convenances de la société, ni avec les mœurs du siècle: c'est dans le cœur maternel que la nature triomphe toujours de l'art;

c'est ce sanctuaire de la tendresse que les lois humaines ne pourront jamais profaner.

Tout est embarqué, tout est prêt : cette jeunesse française qui est l'orgueil d'une nation grande, brillante et généreuse, dont les annales sont marquées par des victoires et des faits éclatans ; cette jeunesse qui accompagne les anciens braves, jalouse de leurs blessures, impatiente de pouvoir dire comme eux : *j'étais à tel combat, j'ai pris ce drapeau, j'ai décidé du sort de la journée*. Cette jeunesse et ces vieux guerriers ambitieux de prouver à leur Roi combien ils sont dignes de son amour, et à leur patrie de leur nom, ne rêvent que les plages d'Afrique, les forteresses d'Alger, les palmiers d'Oran et de Constantine, les lauriers roses des septante sources ; et tous ceux qui ont assisté à leur embarquement et qui ont été témoins de cette scène magnifique et touchante les accompagnent de leurs sentimens et de leurs vœux. Il y a quelque chose de chevaleresque dans cette entreprise : le nom de Maures rappelle les exploits des anciens preux, le sang versé pour la religion et pour le trône, et quel plus bel aiguillon, quel plus beau prestige que de tels souvenirs, pour un peuple auquel le siècle actuel n'a pu faire renoncer au noble désir de mériter une épopée.

Que demain à la pointe du jour un vent propice pousse les cent voiles loin du port ; une heureuse superstition en prédira l'avenir, et chacun trouvera dans son cœur un oracle pour le sort de ses amis.

MARSEILLE. — IMPRIMERIE D'ACHARD, RUE St-FERRÉOL, N° 64.